Signes des vents

La collection de girouettes du Musée canadien des civilisations

Pierre Crépeau
avec le concours de
Pauline Portelance

WITHDRAWN-UNL

Musée canadien des civilisations

D0814455

© Musée canadien des civilisations 1990

Données de catalogage avant publication (Canada)

Crépeau, Pierre, 1927-

Signes des vents : La collection de girouettes du Musée
canadien des civilisations

Publié aussi en anglais sous le titre : Pointing at the Wind.
ISBN 0-660-90296-6
N° de cat. MAS NM98-3/68-1990E

1. Girouettes — Canada — Histoire — Expositions.
2. Art populaire — Canada — Expositions.
I. Portelance, Pauline.
II. Musée canadien des civilisations.
III. Titre.
IV. Titre : La collection de girouettes du Musée canadien
des civilisations.

NK9585.C7314 1990   745.593   C90-098713-8

N° de catalogue : NM98-3/68-1990F
Imprimé et relié au Canada

Publié par le
Musée canadien des civilisations
100, rue Laurier
C.P. 3100, Succursale B
Hull (Québec)
J8X 4H2

Photographie de la couverture : Harry Foster

Table des matières

Remerciements   4

Introduction   5

    Savoir le vent pour prévoir le temps   5

    La girouette à travers les âges   6

    Techniques de fabrication   9

    Mécanisme de fonctionnement   11

    Motifs   11

    La girouette, objet d'art populaire   12

Les castors   13

Les chevaux   17

Les vaches   25

Les porcs   31

Les poissons   33

Les animaux divers   39

Les motifs héraldiques   43

Les bateaux   47

Les paratonnerres   49

Les coqs   55

Conclusion   79

Bibliographie   81

Provenance des illustrations   84

Remerciements

Nous tenons à remercier les préposés aux registres des collections du CCECT, John Corneil et George Barnhill, dont la patiente et indéfectible assistance nous a permis de repérer les girouettes de nos collections dans une période marquée par la fièvre des déménagements. Merci aussi à James Donnelly, de la Division de l'Histoire, pour son accueil et son aide. Nous remercions également l'équipe du catalogage des collections du CCECT, Monique Morrissette et Barbara Dexter, pour leur experte collaboration dans le repérage des dossiers et de la documentation relative aux girouettes.

Merci à Sylvie Régimbal et Nancy Struthers dont le concours efficace à la bibliothèque nous a permis de retracer de lointaines publications.

Une mention toute particulière à Dennis Fletcher qui n'a ménagé ni son temps ni son talent pour assurer la photographie de la plupart des objets.

Madeleine Choquette a révisé le texte, Deborah Brownrigg a établi la conception graphique et supervisé la production de cet ouvrage et Francine Boucher en a préparé le prêt à photographier.

Introduction

Savoir le vent pour prévoir le temps

« À chaque vent son temps », disait Francis Bacon. Depuis l'aurore de l'humanité, chasseurs, navigateurs et cultivateurs interrogent le ciel avant d'aller traquer la bête, de partir en mer ou de semer le grain. Pour tous ceux dont l'activité quotidienne se règle sur l'état du ciel et dont la subsistance dépend en quelque sorte des caprices du climat, prévoir le temps devient une nécessité.

Au début de la colonie, les brusques changements de la température et la difficulté de prévoir le temps qu'il ferait le lendemain rendaient l'agriculture particulièrement laborieuse pour les pionniers. Le Canada connaît en effet un climat fort changeant et imprévisible : chutes rapides des températures, orages soudains et diluviens, tempêtes subites et perfides, divergences régionales énigmatiques. Il n'est donc pas étonnant que l'habitant canadien ait accumulé des observations de tous genres et développé une sagesse météorologique fondée sur les signes du temps. Leur savoir, purement empirique, était le fruit d'une longue expérience accumulée par plusieurs générations. Qui n'a pas entendu le vieil agriculteur, humant le vent et scrutant l'horizon, affirmer d'une manière sentencieuse et avec autant d'autorité que le meilleur de nos météorologues patentés d'aujourd'hui: « Il va pleuvoir demain, le vent vient du sud-est! »

Ce savoir populaire de la météo s'exprime souvent dans des formules lapidaires et met à contribution divers éléments du monde naturel comme les astres, les plantes, le comportement des animaux ainsi que certains phénomènes naturels comme les nuages, la brume, la rosée, l'arc-en-ciel et les saisons. En voici quelques exemples bien connus :

Un petit cerne à la lune,
De la pluie pour demain.
Un grand cerne à la lune,
De la pluie pour après demain.

Brume qui lève, mauvais temps
Brume qui tombe, beau temps.

Arc-en-ciel du matin,
Pluie en chemin;
Arc-en-ciel du soir,
Il y a de l'espoir.

Au matin sans rosée,
Il ne faut pas faucher.

Coucher de soleil rouge,
Beau et chaud demain;
Lever de soleil rouge,
Pluie en chemin.

Vent d'est, mauvais temps;
Vent d'ouest, beau temps.

Si le vent vire d'est en ouest,
Le beau temps s'en vient;
Si le vent vire d'ouest en est,
Le beau temps s'en va.

Vent qui va avec le soleil,
Chasse les nuages;

Vent qui va contre le soleil,
Ramasse les nuages.

Quand le coq vire à l'est,
Il appelle la pluie.

Évidemment, chaque région a ses signes propres. Mais il est un signe dont l'ampleur dépasse les particularités régionales, c'est la direction du vent. Non pas autant le sens dans lequel il souffle que celui de ses changements et surtout la direction qu'il semble vouloir emprunter. Si le vent vire d'ouest en est, il annonce le mauvais temps; si, par contre, il se dirige d'est en ouest, c'est qu'il fera beau temps. La girouette, indicateur des vents à la fois souple et précis, devint dès lors un instrument indispensable de l'arsenal du pionnier.

La girouette à travers les âges

La coutume d'ériger une girouette au sommet d'un édifice public ou privé dérive, en toute vraisemblance, des rites de terminaison des travaux de construction qui remontent à la plus haute Antiquité. Ces rites consistaient principalement à orner l'édifice d'un épi de faîtage, symbole de réjouissance pour le travail achevé et appel permanent à la protection des esprits bienfaisants (fig. 1)*. Cette vénérable tradition s'est perpétuée jusqu'à nous et, il n'y a pas si longtemps encore, à la fin de la corvée de construction d'une grange au Québec, le plus agile des charpentiers montait placer un bouquet de « sapinages » sur le faîte du bâtiment, donnant ainsi le signal des réjouissances de fin de corvée. En certains lieux, on faisait encore bénir le bouquet de faîtage afin de protéger le nouvel édifice contre la foudre.

On explique généralement l'existence de la girouette par le désir des gens de connaître la

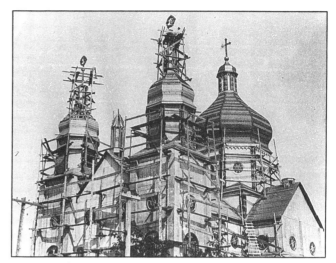

Figure 1. Église catholique ukrainienne, dédicacée à l'Assomption de la Bienheureuse Vierge Marie, en voie de construction, vers 1936, à Portage la Prairie (Manitoba). À remarquer les épis de faîtage en forme de couronnes sur la croix des coupoles.

direction du vent afin de prévoir le temps qu'il fera. Elle aurait d'abord consisté en un simple ruban de tissu léger qui était fixé à un axe vertical et flottait à la moindre brise. Mais, comme ces banderoles ne duraient guère, il fallait souvent les remplacer. On songea donc à leur substituer quelque chose de plus résistant, en l'occurrence une planchette de bois léger qu'on fixait sur un pivot et qui virait avec le vent. Puis, on eut recours à d'autres matériaux, comme le fer et d'autres métaux plus malléables. Largement répandue dans les civilisations occidentales, la girouette prendra, au cours des âges, une multitude de formes et exercera diverses fonctions sociales et culturelles.

L'invention de la girouette telle que nous la connaissons aujourd'hui remonterait au premier siècle avant Jésus-Christ et serait attribuable à l'astronome grec, Andronikos de Cyrrhos,

---

* L'abréviation « fig.» renvoie aux illustrations; l'abréviation « nᵒ » renvoie aux objets de la collection.

Figure 2. Modèle réduit de la tour des Vents d'Athènes.

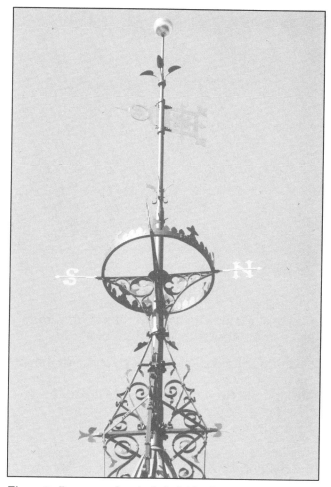

Figure 3. Penon sur le toit de la bibliothèque du Parlement canadien à Ottawa.

architecte de l'horloge hydraulique d'Athènes appelée la « tour des Vents » et connue au Moyen Âge sous le nom de « lanterne de Démosthènes ». C'était une tour octogonale avec la figure des huit principaux vents sculptée en relief sur chacun des côtés. Sur le sommet de la tour, il érigea un Triton d'airain, dard en main, qui pivotait avec le vent pour en indiquer l'orientation (fig. 2). Ce Triton serait l'ancêtre de toutes les girouettes.

D'autre part, un certain type de girouettes descend probablement de l'enseigne féodale. Au Moyen Âge, les seigneurs avaient coutume de fixer une plaque métallique découpée à leurs armoiries à un axe vertical. Ils la hissaient ensuite bien haut dans le ciel sur la plus haute tour de leur château. Le vent y avait bonne prise et basculait souvent l'étendard dans le vide. Pour lui permettre de tourner avec le vent, on l'installa sur un pivot. Dès lors,

Figure 4. Girouette en bronze doré d'un navire viking.

l'enseigne du seigneur devint aussi une girouette et assuma un second rôle, celui d'indiquer l'orientation du vent (fig. 3 et n° 55).

Plus au nord, les navigateurs vikings arboraient à la proue ou au mât de leurs navires de splendides girouettes de bronze qui devaient leur indiquer la direction et, dans une certaine mesure, la force du vent (fig. 4).

Plus tard, le développement et la diversification des corps de métiers ainsi que le remarquable essor de la vie marchande firent naître les girouettes-enseignes personnalisées. Ce sont de véritables saynettes découpant dans le ciel les actes quotidiens des laboureurs, des artisans et des marchands. De nos jours, le cheval, la vache ou le poisson, motifs les plus communs de la girouette canadienne après le coq, perpétuent toujours la même tradition. En plus de son rôle météorologique, la girouette a pour mission d'informer le passant sur le métier du maître de céans (fig. 5 et 6; n°s 32 et 48). L'habitude d'ajouter les points cardinaux sous le motif principal remonte au milieu du XVIIe siècle.

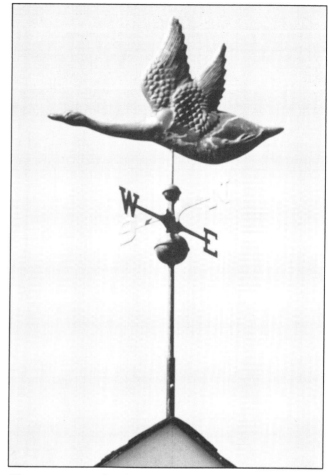

Figure 5. Oie sur l'atelier de Jennifer Connolly à Almonte (Ontario). C'est une œuvre de l'artiste.

L'industrie s'emparera aussi de ce secteur vers la moitié du XIXe siècle : la machine se substituera à l'artisan, la production massive et anonyme supplantera la genèse personnelle et exclusive, et la commande par catalogue remplacera le dialogue chaleureux entre le client et son artisan (fig. 7 et 8).

Figure 6. Oie et arbre sur le pignon de la grange de la ferme Knockeen à Hull (Québec).

Techniques de fabrication

On peut distinguer trois principales techniques de fabrication artisanale des girouettes : le découpage, la sculpture et le martelage.

La technique la plus simple est sans contredit le découpage. L'artisan taille dans une surface plane de bois ou de métal le motif qu'il a choisi – coq, poisson, cheval ou autre – et dispose ensuite la figure sur un pivot. Le bois est habituellement taillé à l'aide d'une scie à chantourner avec parfois quelques retouches au canif. Le cuivre, l'étain et la tôle mince sont taillés aux cisailles. Pour les tôles épaisses et

Figure 7. Page du catalogue *The Pedlar People Limited*, Oshawa (Ontario), 1912.

les métaux résistants, on utilise la scie à métaux ou le chalumeau. Le découpage permet la création de formes puissantes, hautement stylisées, qui se profilent avec fermeté sur le ciel. Cette méthode ne laisse aucune place au fignolage. L'effort se concentre tout entier à donner vigueur et audace à la silhouette (nos 2 et 88).

La sculpture sur bois est une technique plus difficile que le découpage, mais elle demeure peu

9

Figure 8. Girouettes vendues par la firme Canadian Tire.

exigeante sur le plan de l'outillage. Puisque chaque village, ou presque, pouvait autrefois s'enorgueillir de compter quelques sculpteurs parmi ses habitants, plusieurs motifs de girouettes traditionnelles sont le fruit de l'imagination et de la dextérité manuelle d'un de ces artisans. L'intérêt de cette technique réside surtout en ce que chaque girouette est une création nouvelle et singulière. Aucun coq ne ressemble à un autre (nᵒˢ 79 et 95), aucun poisson n'est la réplique d'un autre (nᵒˢ 44 et 49). C'est ce qui fait sans doute que les girouettes sculptées sont parmi les plus curieuses et les plus captivantes.

La technique du martelage est plus complexe. On découpe d'abord, selon un patron, deux feuilles de métal relativement malléable, de préférence le cuivre ou l'étain, qu'on martèle ensuite sur deux formes complémentaires en bois dur. On obtient ainsi les deux moitiés de la figure recherchée. On unit ensuite ces deux moitiés par rivetage, soudure ou par un ourlet, pour obtenir un objet en trois dimensions (nᵒ 8). Les petites pièces, comme le bec, les pattes ou la tête d'un coq, sont souvent fondues ou forgées puis soudées au corps. De même, les

nageoires sont parfois découpées dans de la tôle et soudées au corps du poisson. On se sert à l'occasion du poids de la tête ou des membres pour équilibrer la girouette sur son pivot.

Quant au repoussé, que l'on rencontre rarement dans les girouettes canadiennes, il est une variante beaucoup plus délicate de la technique du martelage. L'artisan martèle son motif à main levée et à l'œil, sans le secours d'aucune forme (nᵒ 12). On a surtout recours à cette technique pour la création de girouettes monumentales.

La technique de la fonte s'est surtout répandue dans la fabrication commerciale des girouettes. Des artisans reconnus créaient la plupart des moules utilisés et ils devaient toujours intervenir pour parfaire l'œuvre, lui appliquer les retouches nécessaires et fignoler le travail. Quant à la presse hydraulique, il serait étonnant que les fabricants commerciaux n'aient pas pensé à l'utiliser. Il semble que les quelques essais tentés aient été infructueux.

Les matériaux le plus souvent utilisés sont le bois pour les girouettes sculptées, le bois et la tôle pour les girouettes découpées. Pour les girouettes martelées, on utilise le plus souvent le cuivre qui résiste à la brisure et à la corrosion et qui, grâce à sa malléabilité, se plie à la recherche du détail minutieux. On fait aussi un fréquent usage de l'étain.

Autrefois, on recouvrait les girouettes de feuilles d'or ou de peinture dorée afin qu'elles luisent au soleil. Au XXᵉ siècle, avec l'effondrement de l'industrie de la girouette aux États-Unis, on a sacrifié la dorure à la patine. Depuis quelques décennies, on s'est en effet mis à la recherche de ce petit air d'antiquité, nouvelle valeur marchande attribuée à ces objets qui couraient désormais le risque de sombrer dans l'oubli.

Les artisans créateurs de ces merveilleux objets nous sont rarement connus. Par contre, les entreprises qui se sont adonnées à la fabrication commerciale des girouettes nous sont relativement bien connues par leurs catalogues. Il semblerait qu'au Canada, cette industrie ne se soit pas développée d'une manière conséquente et qu'on s'en soit surtout remis à la production américaine.

Mécanisme de fonctionnement

D'un point de vue mécanique, une girouette est une figure quelconque, en deux ou trois dimensions, posée sur un pivot.

Pour assurer le bon fonctionnement d'une girouette, il faut que la figure soit décentrée par rapport au pivot tout en étant bien équilibrée (n° 48 : presque tout le corps de l'espadon se situe d'un seul côté du pivot). En soufflant sur la girouette, le vent pousse sur le côté du pivot qui présente une plus grande surface et imprime à la figure un mouvement de rotation jusqu'à ce qu'il n'ait plus de prise. Lorsque la figure s'immobilise, le plus petit côté fait face au vent. Ordinairement, il s'agit de l'avant de la figure. Il y a cependant des exceptions dues soit à la gaucherie soit à l'humour de l'artisan. Ce cochon (n° 37), par exemple, se tient sûrement le derrière au vent puisque le pivot est situé juste devant ses membres postérieurs.

Un second élément à considérer sur le plan mécanique, c'est l'équilibre. Pour être sensible à la brise, la figure doit être bien équilibrée c'est-à-dire avoir le même poids de chaque côté du pivot. Pour équilibrer le poids, on aura recours à toutes sortes d'expédients : on coulera quelques gouttes de plomb dans la partie antérieure; on confectionnera en fonte de petites parties comme la tête ou les membres; on ajoutera certaines pièces et on en réduira d'autres. Un exemple typique d'équilibrage par tâtonne-

ments, c'est la girouette n° 15 où l'artisan a dû compenser le poids du cavalier par un énorme aileron formé d'un double rang de planches; quelques trous percés dans le petit aileron sous le cavalier assurent un ultime équilibrage.

Motifs

C'est surtout par leurs motifs que les girouettes sont des indicateurs culturels. On préfère représenter des êtres au symbolisme positif. Le lièvre, peste des jardins, est rarement représenté. Il en est de même pour le chien dont le symbolisme est ambivalent. Par contre, on retrouve souvent le motif du castor, animal travaillant, frugal, économe et prévoyant, des qualités fort appréciées de l'ère victorienne.

Le coq, il va sans dire, occupe une place de choix. Plus du tiers de notre collection a le coq pour motif : coq de clocher, de croix de chemin, de grange ou de maison. Le cheval, animal prisé pour le travail et pour le loisir, occupe près de vingt pour cent de la collection. La vache, le poisson et le castor se partagent chacun près de dix pour cent de la collection. Le reste représente des animaux divers, quelques pièces héraldiques et abstraites, deux bateaux et un paratonnerre.

La vision d'un animal haut perché dans le ciel a plus d'une fois sollicité l'instinct du chasseur. Plusieurs girouettes portent en effet les cicatrices de nombreuses blessures infligées par des tireurs plus adroits que respectueux du patrimoine (n° 5). La tentation était forte cependant car la girouette forme une cible de choix. Relativement éloignée, elle se découpe clairement sur le ciel, et ne représente aucun danger pour les animaux domestiques et les humains. Bien plus, le tireur peut compter sur sa connivence : elle bouge pour indiquer qu'il a réussi son coup et se remet tout de suite en place comme pour l'inviter à un nouvel essai.

La girouette, objet d'art populaire

En général, les gens ont, vis-à-vis des girouettes, des sentiments d'admiration et d'affection. Certaines font partie de notre univers sacré, surtout les coqs qui sont sur les clochers et les croix de chemin. Elles témoignent d'une vénérable tradition, porteuse de l'imagination, du génie pratique et de la dextérité de notre peuple.

L'art de la girouette artisanale se perd vers la fin du XIXe siècle. C'est alors qu'elle devient un « objet d'art ». De nos jours, nul ne songerait à contester que les girouettes font partie intégrante du domaine de l'art populaire. Toute étude contemporaine sur l'art populaire se doit d'inclure d'office une bonne demi-douzaine de girouettes. Point de revue spécialisée qui ne produise, de-ci de-là, son petit article sur l'un ou l'autre aspect de la question. Collectionneurs et antiquaires s'extasient sur leur charme et leur puissance évocatoire tandis que les spécialistes s'interrogent sur leur ustensilité et leur plasticité.

Mais il n'en fut pas toujours ainsi. L'intérêt pour cette forme d'art populaire au Canada ne remonte guère au-delà de quelques décennies. Et ce sont surtout les collectionneurs et les antiquaires, plutôt que les conservateurs et les musées, qui se sont montrés sensibles à la qualité plastique de ces objets strictement fonctionnels dans l'esprit de la plupart de leurs artisans et de leurs propriétaires. Il n'est pas encore si éloigné le temps où un nombre impressionnant de grapilleurs couraient les campagnes, scrutant les horizons à la recherche d'un coq sur le lanterneau d'une maison ou sur la cime d'une croix de chemin, ou de toute autre forme de girouette sur le faîte d'un hangar ou d'une grange. L'appât du gain, s'il fut un stimulant, entraîna aussi des abus qui allèrent jusqu'à la contrefaçon (n° 98) et, parfois même, au vol qualifié. S'agit-il d'une légende ou d'un fait réel? Toujours est-il qu'aux États-Unis circule le récit du vol d'une girouette géante au moyen d'un hélicoptère. Au Canada, on reste plus modeste. On affirme cependant que certains grapilleurs n'hésitaient pas à utiliser la scie mécanique pour jeter les croix de chemin par terre et se sauver avec le coq. Heureusement, tous les collectionneurs ne sont pas de cet acabit. Il y en a de sérieux, dont le goût, la persévérance et l'ardeur nous ont permis de sauver de la destruction nombre d'objets témoins d'un autre âge et d'un sens esthétique bien particulier. Il faut de plus reconnaître que c'est surtout grâce aux collectionneurs et aux antiquaires que le Musée canadien des civilisations a pu constituer sa collection de girouettes. C'est ce qui explique que la documentation relative à ces objets est nettement insuffisante : les renseignements fournis sont parfois romanesques ou même carrément erronés. Voir à cet égard la mystification exemplaire de la girouette n° 98, dite « coq de Cap-Chat ».

Remarques

Les indications d'origine sont présentées sous toutes réserves pour la simple raison que la très grande majorité des girouettes proviennent de collectionneurs et d'antiquaires dont les informations ne sont pas toujours dignes de foi et qu'il est pratiquement impossible de retrouver l'origine de la plupart de ces objets.

Les dimensions sont données en ordre décroissant et elles sont exprimées en centimètres, dont les fractions sont arrondies au demi-centimètre.

Les **castors**

À tout seigneur, tout honneur. Le castor est l'emblème national du Canada. Animal industrieux et infatigable, il symbolise, dit-on, les qualités qui furent requises de nos ancêtres pour s'adapter à ce pays rigoureux. Architecte audacieux, ingénieur méticuleux et constructeur obstiné, le castor représente le courage et l'ingéniosité des pionniers qui ont dû réinventer leur abri, leur vêtement, leur cuisine, leurs outils et leurs jeux pour vaincre l'isolement de ces espaces infinis et s'enraciner dans ce sol rude et hostile. Au plan anatomique, le castor se prête à des raccourcis étonnants et à une stylisation saisissante.

1
Castor
Saint-Martin (Québec)
Avant 1957
Étain, fer, bois
142 x 58,5 x 58,5
A-539

Cette girouette est vraisemblablement de fabrication commerciale. Formé de plusieurs pièces d'étain martelées et soudées, le castor surmonte les points cardinaux et un globe.

2
Castor

Pickering (Ontario)
Début du XXe siècle
Tôle, fer
62 x 42 x 2,5
CCECT 74-1267

Découpé dans une plaque de tôle épaisse, ce castor aux lignes amusantes se profilait avec humour sur le ciel rural ontarien du début du siècle.

3
Castor

Région de Québec
Fin du XIXe siècle
Bois peint
81 x 80 x 2,5
CCECT 74-280
Don de B. McKendrie

4
Castor

Région de Québec
Fin du XIXe siècle
Bois peint
82 x 80 x 2,5
CCECT 74-335

Découpés dans de la planche de pin, ces castors grincheux semblent indiquer la direction du vent à leur corps défendant.

5
Castor

Québec
Début du XIXe siècle
Tôle, fer, peinture
108 x 70 x 5
CCECT 73-613

Composé de deux feuilles de tôle galvanisée martelées et soudées, ce castor a été, plus souvent qu'à son tour, la cible impuissante de jeunes tireurs irréfléchis.

6
Castor au travail

Omemee (Ontario)
Fin du XIXe siècle
Tôle d'étain peinte, fer
80 x 39 x 4,5
CCECT 79-1591 (Coll. P. et R. Price)

Formé de plusieurs pièces d'étain moulées et soudées, ce castor semble s'affairer à ébrancher le tronc d'un arbre qu'il vient d'abattre.

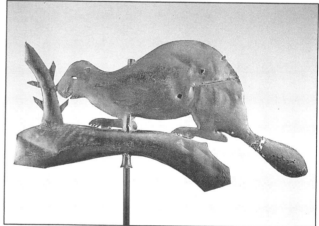

7
Castor

Sainte-Julie-de-Verchères (Québec)
Date inconnue
Bois, fer
72,5 x 29,5 x 4
CCECT 71-305

Découpé dans une planche de pin, ce castor proviendrait d'une grange à Sainte-Julie-de-Verchères.

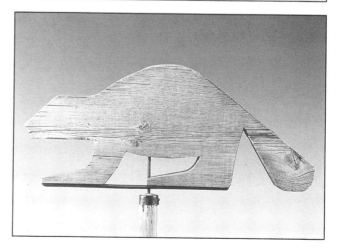

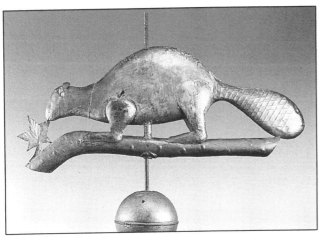

8
Castor et feuille d'érable

L'Assomption (Québec)
Date inconnue
Tôle d'étain, fer, bois
87 x 83 x 5,5
CCECT 77-1045 (Coll. N. Sharpe)

Véritable chef-d'œuvre par la puissance de ses formes, cette girouette présente, dans une composition originale, les deux symboles nationaux du Canada, le castor et la feuille d'érable. Composé de plusieurs feuilles d'étain martelées et soudées, le castor surplombe une sphère de cuivre qui représente le globe terrestre.

9
Castor et feuilles d'érable

Rive sud du bas Saint-Laurent (Québec)
Date inconnue
Tôle, fer, bois, peinture
77 x 48 x 2
CCECT 81-319 (Coll. N. Sharpe)

Découpée dans une feuille de tôle renforcée par des nervures en fer forgé, cette girouette présente les deux symboles nationaux du Canada, le castor et la feuille d'érable. La finesse du détail témoigne de la dextérité de l'artisan.

Les *chevaux*

*A*u dire de Buffon, le cheval est la plus noble conquête de l'Homme. Il jouit de rapports plus privilégiés avec l'Homme que les autres animaux domestiques. Il en est le partenaire et l'ami. Il lui procure la vitesse, la puissance, le prestige. Il laboure ses champs, porte ses fardeaux, rassemble ses troupeaux, le conduit dans des contrées lointaines, fait avec lui la chasse ou la guerre, participe à ses jeux, courses, joutes, tournois, carrousels. Cheval de trait, de course ou de dressage, il est toujours un symbole de prestige et de pouvoir. Il est l'image vivante de la force impétueuse, de la jeunesse éternelle, de la sexualité généreuse et de la domination de l'esprit.

Aussi est-il depuis toujours vénéré, adulé, choyé, idolâtré. Alexandre le Grand n'a-t-il pas édifié une ville entière sur le tombeau de son cheval bien-aimé Bucéphale? Caligula n'a-t-il pas élevé son cheval Incitatus au rang de consul? El Morzillo de Cortez n'a-t-il pas sa statue et Copenhagen de Wellington n'a-t-il pas été enterré avec les honneurs militaires?

Au plan de sa structure anatomique, le cheval a fasciné les artistes depuis les origines. Sa musculature, en particulier, robuste et ondoyante, a séduit peintres et sculpteurs de toute école et de toute allégeance. L'artisan canadien, pour qui le cheval était jadis un soutien essentiel, l'a souvent reproduit dans ses créations artistiques les plus diverses. On ne peut donc s'étonner de le retrouver en relative abondance dans les girouettes canadiennes.

10
Ethan Allen
Richmond (Québec)
Date inconnue
Cuivre, fer, bois
84 x 65,5 (diam. de la base)
CCECT 71-312
Don de L. Vary

Ce cheval a les allures du très populaire cheval américain Ethan Allen : tête un peu basse et gueule ouverte. Il est probablement de fabrication commerciale. La puissance qui s'en dégage témoigne néanmoins du génie artistique de l'artisan. Le pivot a une forme peu commune et met en relief le mouvement de la bête.

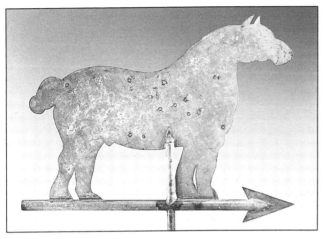

11
Cheval sur une flèche

Alberta
Date inconnue
Tôle, fer
91 x 71 x 3
CCECT 73-30

Découpé dans une tôle galvanisée et monté sur une flèche en tube d'acier, ce puissant cheval de trait représentait sans doute l'une des bêtes préférées d'un cultivateur albertain. Si le cheval de course est un motif courant de la girouette canadienne, le cheval de trait, par contre, apparaît beaucoup plus rarement.

12
Cheval

Région de Varennes (Québec)
Date inconnue
Tôle d'étain, fer
91,5 x 64 x 9
CCECT 71-307

Vraisemblablement l'œuvre d'un apprenti, ce cheval aux lignes grossières est formé de deux feuilles de tôle repoussées et soudées. Il devait être aussi un mauvais indicateur de la direction du vent puisqu'il est fixé en plein centre sur son pivot.

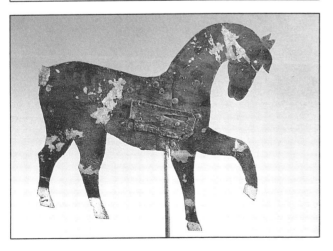

13
Cheval

Région de Martins River (Nouvelle-Écosse)
Date inconnue
Tôle d'étain, fer, peinture
44 x 41 x 1
CCECT 74-1081

Cet élégant cheval de dressage a été complètement détaché de son support. Il a sans doute retenu l'attention d'un antiquaire pour ses seules qualités plastiques.

14
Cheval

Vallée de l'Annapolis (Nouvelle-Écosse)
Date inconnue
Tôle, bois, fer, peinture
89,5 x 26 x 1,5
CCECT 81-35 (Coll. G. Ferguson)

Le cheval en pleine course sur une flèche est un motif courant des girouettes canadiennes. Ici, le mouvement du cheval forme un contraste saisissant avec la lourdeur de la flèche. Le cheval a un air évident de parenté avec celui de la girouette n° 24. Il est découpé dans de la tôle et fixé au bois de la flèche dont la pointe et l'empenne sont aussi en tôle.

15
Cavalier sur aileron

Par George Alles
Wilmot Centre (Ontario)
1910
Bois, métal, peinture
69 x 33 x 5
CCECT 76-490.1

Le cavalier est un motif rare de la girouette canadienne. L'artisan a dû compenser le poids du cavalier, placé en avant du pivot, par un énorme aileron à l'arrière. Les trous percés dans l'aileron avant assurent probablement un ultime équilibrage.

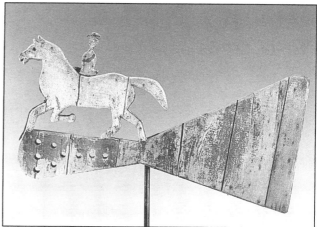

16
Cheval attelé à un sulky

Région du Richelieu (Québec)
Date inconnue
Tôle, fer, aluminium, peinture
122 x 83 x 22,5
CCECT 71-303
Don de L. Vary

Le cheval attelé à un sulky est un motif courant de la girouette américaine, mais on le trouve rarement dans les girouettes canadiennes. On aurait déniché celui-ci dans un hangar de la région du Richelieu. Cette girouette est l'œuvre d'un artisan qui s'est probablement inspiré d'une illustration de catalogue.

17
Cheval
Région de Verchères (Québec)
Date inconnue
Tôle d'acier, fer, peinture
99 x 87,5 x 7
CCECT 71-302

Ce cheval a vraisemblablement été découpé au chalumeau dans une plaque de tôle épaisse renforcée de zébrures métalliques.

18
Trotteur
Région de Varennes (Québec)
Date inconnue
Tôle, fer, bois
61 x 46 x 3,5
CCECT 71-313
Don de L. Vary

Empalé à mi-corps dans son pivot, ce cheval mal dégrossi ne constitue pas un bon indicateur de la direction du vent.

19
Cheval

Région de Perth (Ontario)
Date inconnue
Tôle, fer, bois, peinture
74,5 x 61 x 1,5
CCECT 71-52

Ce cheval a été taillé au chalumeau dans de la tôle épaisse.

20
Trotteur

Martins River (Nouvelle-Écosse)
Date inconnue
Tôle, fer, peinture
80 x 59 x 2
CCECT 74-1082

Taillé au chalumeau dans une tôle épaisse, cet élégant trotteur révélait au passant l'amour que portait le maître de céans aux chevaux.

21
Ethan Allen

Irena (Ontario)
Fin du XIXe siècle
Tôle d'étain, fer, peinture
133,5 x 119 x 37
CCECT 79-1590 (Coll. P. et R. Price)

Taillé dans de la tôle d'étain renforcée de nervures en fer forgé, ce magnifique trotteur rappelle le fameux cheval américain Ethan Allen, souvent reproduit, parmi d'autres, dans les girouettes de fabrication commerciale aux États-Unis. La base en étain formée d'une pyramide octogonale surmontée d'un globe de même forme rappelle l'épi de faîtage qui protégeait la toiture à un endroit particulièrement vulnérable.

22
Trotteur

Saint-Paul-de-l'Île-aux-Noix (Québec)
Fin du XIXe siècle
Tôle d'étain, fer, bois, peinture
79 x 79 x 23
CCECT 77-508

Ce magnifique coursier, qui est d'une élégance remarquable, a été découpé dans de la tôle d'étain renforcée par des nervures de fer forgé. Solidement ancré sur son pivot au niveau des membres antérieurs, il devait être un excellent indicateur de la direction du vent.

23
Cheval à la feuille d'érable

Pictou (Nouvelle-Écosse)
Fin du XIXe siècle
Tôle, fer
106 x 102 x 9
CCECT 78-560

Dans sa forme initiale, cette girouette ne devait comporter que le cheval formé de deux pièces de tôle martelées et soudées. C'est sans doute plus tard qu'on lui a ajouté un tube supportant une boule de cuivre et une feuille d'érable découpée dans de la tôle.

24
Cheval

Pictou (Nouvelle-Écosse)
XIXe siècle
Bois, fer, peinture
136 x 89 x 89
CCECT 78-559

L'élan de ce cheval, découpé dans une seule pièce de bois, démontre les talents artistiques de l'artisan anonyme qui l'a fabriqué au siècle dernier.

25
Cavalier
Fredericton (Nouveau-Brunswick)
Début du XXe siècle
Tôle, fer, bois
55 x 42 x 7
CCECT 78-196 (Coll. P. et R. Price)

Le cavalier est un motif rare de la girouette canadienne. Découpés dans deux pièces de tôle indépendantes, cavalier et cheval sont rivetés et soudés l'un à l'autre. La tête et les membres graciles du cheval ne sont pas sans évoquer l'art pariétal de Lascaux.

26
Cavalier sur une flèche
Nouvelle-Écosse
Vers 1950
Bois, fer, cuir, peinture
75 x 68 x 4
CCECT 82-271 (Coll. P. et R. Price)

Découpée et sculptée dans une planche, cette girouette associe le motif du cavalier à celui de la flèche.

Les vaches

Symbole universel de fertilité et de richesse, la vache est l'un des animaux domestiques les plus respectés. Dans l'Inde contemporaine comme dans l'Égypte pharaonique, elle est considérée comme un animal sacré. Dans le monde occidental, elle est surtout appréciée pour son apport à la production économique. Productrice de lait, elle est l'image de la terre nourricière.

Quant au taureau, il symbolise la fougue, la virilité féconde, la férocité aveugle, la force brutale. Autrefois, lorsqu'on réussissait à le dompter, on l'utilisait pour certains travaux des champs. Aujourd'hui, on le réserve habituellement pour ensemencer le troupeau et en assurer le renouvellement.

Au Canada, surtout dans l'est du pays, nombreuses sont les fermes laitières dont la prospérité s'affiche parfois avec ostentation. Il n'y a pas si longtemps, la girouette sur le toit de la grange était un moyen efficace d'informer le passant sur la nature particulière de l'élevage qu'on y pratiquait. Aujourd'hui, on a plutôt recours à des tableaux peints sur de grands panneaux de contreplaqué représentant, dans un style uniforme et mercantile, le portrait-robot d'une vache dans un pré. Les girouettes figurant un taureau ou une vache proviennent surtout, il va sans dire, des régions où l'élevage des bovins se pratique avec succès.

27
Vache
Knowlton (Québec)
Date inconnue
Métal, fer, bois, peinture
86 x 54 x 23
CCECT 71-306

Cette vache en métal coulé et dorée au vaporisateur semble être de fabrication commerciale.

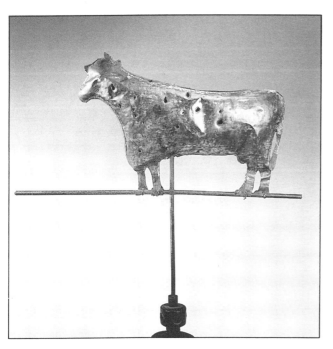

28
Taureau
Sainte-Julie-de-Verchères (Québec)
Date inconnue
Tôle, fer, bois, peinture
116 x 86 x 11
CCECT 71-301

Composé de deux feuilles de tôle martelées et soudées à l'étain, ce puissant taureau était sans doute l'enseigne d'une ferme laitière en même temps qu'un indicateur de la direction du vent. Il a souvent été la cible infortunée du fusil d'un étourdi.

29
Taureau
Région de Perth (Ontario)
Date inconnue
Tôle, fer, peinture
63 x 44 x 2,5
CCECT 71-53

Ce lourd taureau aux cornes menaçantes se compose de deux pièces de tôle martelées, rivetées et soudées. On en ignore l'origine. Peut-être aurait-il servi d'enseigne à une ferme laitière ontarienne. Fixé à mi-corps sur son pivot, il devait être un piètre indicateur de la direction du vent.

30
Vache

Boucherville (Québec)
Date inconnue
Tôle d'étain, fer, bois
95 x 60 x 8
CCECT 71-311

Cette vache aurait servi d'enseigne dans une région du
Québec qui compte de nombreuses et prospères fermes
laitières.

31
Vache

Région de Verchères (Québec)
Date inconnue
Tôle, cuivre, fer, bois, peinture
96 x 64 x 19
CCECT 77-535

Découpée dans deux feuilles de tôle soudées à plat, cette
vache aurait servi d'enseigne à une ferme laitière de la région de Verchères. La sphère de cuivre qui la surmonte est
un élément rare de la girouette traditionnelle.

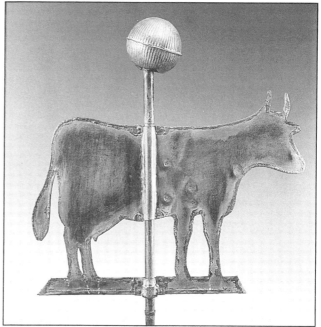

32
Vache

Région de Varennes (Québec)
Date inconnue
Tôle, fer, bois, peinture
80 x 78 x 19
CCECT 71-304

Cette vache a été découpée au chalumeau dans de la tôle
ondulée.

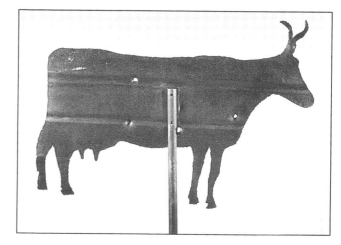

33
Vache

Par Napoléon Birtz
Saint-Simon-de-Bagot (Québec)
1942
Tôle, fer, peinture
91 x 46 x 3
CCECT 75-926

Cette vache a été découpée au chalumeau dans de la tôle
épaisse par un artisan qui a pris soin de signer son oeuvre.
Sur le côté gauche, on lit : « Napoléon Birtz » et, sur le côté droit : « 1942/St Simon ».

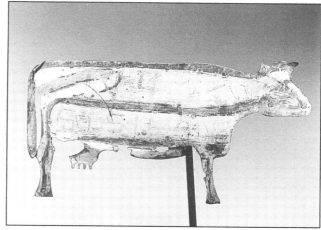

34
Vache

Région de Port Perry (Ontario)
Date inconnue
Bois, fer, peinture
48 x 27,5 x 2
CCECT 75-927 (Coll. P. et R. Price)

Peinte en ocre avec de grandes taches blanches, cette
vache majestueuse, découpée et sculptée dans de la
planche, se profilait avec netteté sur le ciel ontarien et
ne manquait pas d'attirer le regard des passants.

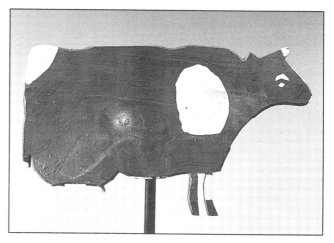

35
Vache
Alberta
Date inconnue
Tôle d'acier, fer
83 x 72,5 x 4
CCECT 73-29

Découpée vraisemblablement au chalumeau dans de
la tôle épaisse, cette vache est montée sur une flèche
métallique.

36
Vache
Oshawa (Ontario)
Vers 1914
Étain, fer, bois, peinture
106,5 x 45,5 x 20,5
A-1326 A

Cette vache formée de deux pièces de tôle d'étain est
de fabrication commerciale. Elle correspond au n° 6444,
à la page 69, du catalogue *The Pedlar People Limited*
(voir fig. 7, p. 9).

Les porcs

On connaît le symbolisme absolument néga-
tif du porc dans les cultures occidentales.
Il est l'image de la gourmandise, de l'égoïsme,
de la luxure, de la lâcheté et de la perversité.
Mais il est aussi un animal dont l'apport économique est élevé. Sa chair est appréciée et il se
reproduit rapidement et à peu de frais. Aussi,
peu après la Seconde Guerre mondiale, les
fermes porcines se sont-elles multipliées et
modernisées, notamment dans l'est du pays.
Les trois girouettes qui suivent sont sans
doute des enseignes de fermes porcines
relativement prospères.

37
Cochon
Famille Tessier
Saint-Antoine-sur-Richelieu (Québec)
1942
Bois, fer, peinture
75,5 x 66,5 x 7
CCECT 78-447

D'après sa position, le pivot près des pattes arrière, ce cochon devait se tenir le derrière au vent. Peut-on y voir une
touche humoristique de l'artisan?

38
Cochon

Québec
Date inconnue
Tôle d'acier, fer, peinture
94 x 48 x 4
CCECT 83-972 (Coll. N. Sharpe)

Ce cochon, découpé au chalumeau dans de la tôle épaisse, en plus d'être un indicateur efficace de la direction du vent, servait sans doute aussi d'enseigne à une ferme porcine.

39
Truie

Harrowsmith (Ontario)
Fin du XIXe siècle
Tôle d'étain, fer
68 x 60 x 2,5
CCECT 76-469

Cette magnifique truie du XIXe siècle reflète l'abondance et la prospérité. Découpée dans une feuille d'étain, elle était sans doute l'enseigne d'une ferme porcine florissante. Trop centrée sur son pivot, elle ne devait cependant pas être un bon indicateur de la direction du vent.

Les *poissons*

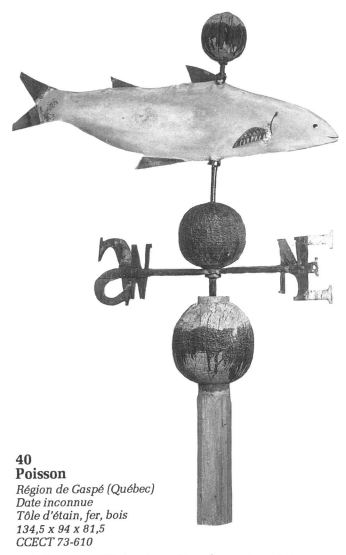

40
Poisson
Région de Gaspé (Québec)
Date inconnue
Tôle d'étain, fer, bois
134,5 x 94 x 81,5
CCECT 73-610

Ce joli saumon d'étain est monté sur les quatre points cardinaux et situé entre deux sphères de bois. Cette girouette serait originaire de la Gaspésie, mais elle a été dénichée chez un antiquaire de l'Ontario.

*L*e motif du poisson se rencontre surtout, mais non exclusivement, sur les girouettes des Maritimes et des villages riverains du Québec. Il va de soi que, là où l'on vit principalement des produits de la mer, le poisson soit un motif tout désigné de la girouette. Perché haut dans les airs et sensible à la moindre brise, le poisson girouette renseigne le pêcheur sur le temps qu'il fera et l'avise s'il doit prendre la mer ou non. À l'étranger de passage, par contre, il dévoile que le maître de céans est pêcheur ou marchand de poisson.

Sur le plan pratique, le poisson, dont la forme est simple et dépouillée, est facile à tailler et à sculpter. De plus, il résiste mieux aux intempéries que les formes plus complexes. Sa forme allongée et mince lui assure une souplesse directionnelle singulière et un équilibre des masses facile, les deux principaux facteurs d'une girouette vraiment fonctionnelle.

Enfin, sur le plan symbolique, le poisson est d'une richesse emblématique universelle. Symbole de vie et de fécondité, il est devenu pour les chrétiens le symbole du Christ lui-même. Le mot grec *Ikhthus* (poisson) forme l'idéogramme des mots *Iêsous KHristos THeou Uios, Sôter* qui se traduisent par « Jésus-Christ Fils de Dieu, Sauveur ». Aussi le poisson a-t-il inspiré de nombreuses figurations symboliques dans la tradition chrétienne. Dans l'art populaire canadien, le motif du poisson se retrouve surtout sur les moules à sucre et sur les girouettes.

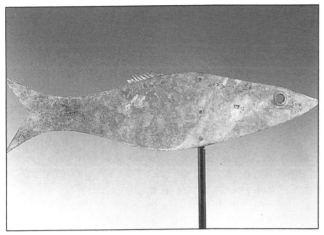

41
Poisson
Région de Madoc (Ontario)
Fin du XIXe siècle
Tôle, fer, peinture
76 x 54 x 1,5
CCECT 78-438

Ce poisson stylisé, formé de deux feuilles de tôle galvanisée martelées et soudées, en plus d'être un bon indicateur de la direction du vent, jouait peut-être le rôle d'enseigne chez un marchand de poisson.

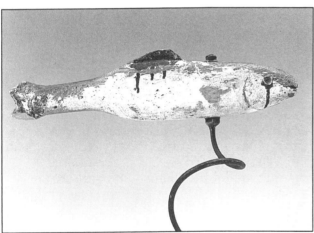

42
Poisson
Maritimes
Date inconnue
Pin, fer, peinture
48 x 45 x 18
CCECT 73-582

Ce joli poisson a été sculpté dans une seule pièce de pin.

43
Poisson
Sainte-Marie, Beauce (Québec)
Date inconnue
Tôle, fer, bois
55 x 42 x 4,5
CCECT 71-322

Trouvé dans un hangar de Sainte-Marie, en Beauce, ce poisson est formé de deux feuilles de tôle martelées, rivetées et soudées.

44
Poisson

Hermès Héneault
Sainte-Élizabeth (Québec)
Date inconnue
Bois, fer
30,5 x 30 x 4,5
CCECT 71-319

Sculpté dans un seul morceau de pin, ce poisson a peut-être servi d'enseigne à un marchand de poisson tout en indiquant la direction du vent. On l'aurait, paraît-il, trouvé dans le hangar de M. Hermès Héneault, à Sainte-Élizabeth, près de Joliette.

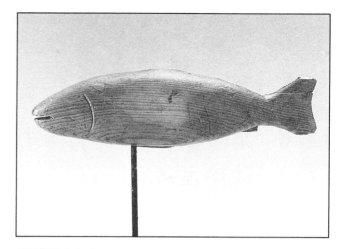

45
Poisson

Bob Manary
Quyon (Québec)
Avant 1961
Étain, fer
51 x 12 x 0,5
A-1114
Don de Bob Manary

Ce poisson a été découpé aux cisailles dans de la tôle d'étain.

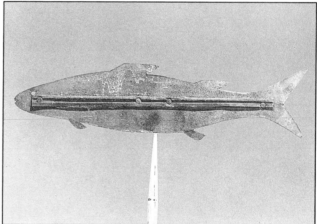

46
Poisson

Léon Potvin
Baie-Saint-Paul (Québec)
Avant 1962
Bois
87,5 x 19,5 x 2
A-1675

Ce joli poisson découpé dans une planche et sculpté, servait sans doute d'enseigne éloquente à un marchand de poisson riverain.

47
Truite
Par M. Duranceau
La Prairie (Québec)
Date inconnue
Cuivre, verre, fer, bois, peinture
68,5 x 30 x 30
CCECT 77-945 (Coll. N. Sharpe)

Cette truite de cuivre aux yeux de verre surmonte un
chapeau de ventilation. Elle serait l'oeuvre d'un ferblantier grand amateur de pêche à la truite. Cette composition
rappelle, à sa façon, les liens originels de la girouette avec
l'épi de faîtage.

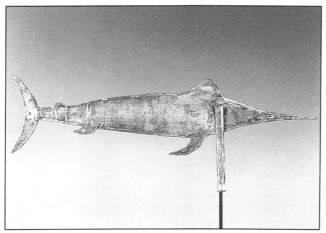

48
Espadon
Par Dollard Parent
Saint-Mathieu-du-Parc, lac Bellemare (Québec)
1933
Tôle d'étain, fer, peinture, vernis
83 x 30 x 2
CCECT 71-768

Tiré d'un bidon d'étain pour carbure à lampe d'après un patron de *Popular Mechanics*, cet élégant espadon, formé de deux feuilles d'étain ourlées et soudées, témoigne du sens artistique et de la virtuosité technique de son auteur.

49
Poisson
Nouveau-Brunswick
Début du XXe siècle
Pin, fer, peinture
68,5 x 15 x 8,5
CCECT 81-34 (Coll. G. Ferguson)

Ce merveilleux poisson est sculpté dans une seule pièce de pin.

Les *animaux divers*

Dans ce groupe, nous avons réuni les types de girouettes à représentation animale qui ne se retrouvent qu'à un seul exemplaire dans la collection du Musée canadien des civilisations. Leurs motifs se retrouvent rarement chez les girouettes canadiennes.

50
Grenouille
Région de Cobourg (Ontario)
Début du XXe siècle
Tôle, fer, bois, bardeaux d'asphalte, caoutchouc, peinture
148 x 84 x 49
CCECT 83-1825 (Coll. P. et R. Price)
Combinant les quatre points cardinaux, avec sa grenouille et sa flèche, cette girouette est unique en son genre. Ses divers éléments ont été découpés dans de la tôle épaisse. Elle est en outre montée sur un chapeau de ventilation en forme de maison rustique.

51
Aigle
West Lake (Ontario)
XIXe siècle
Tôle d'acier, fer
62 x 47 x 1,5
CCECT 77-223 (Coll. P. et R. Price)

Fort stylisé, cet aigle devait se découper clairement sur le ciel ontarien et arrêter à coup sûr le regard du passant. Il se compose de pièces de tôle épaisse découpées sans doute au chalumeau et soudées. Il lui manque malheureusement une aile.

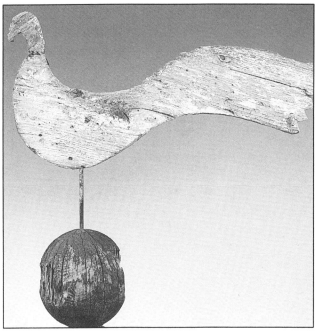

52
Paon
White Cove (Nouvelle-Écosse)
Début du XXe siècle
Bois peint, fer
62 x 51 x 15
CCECT 84-361 (Coll. P. et R. Price)

Découpé dans une planche, ce paon demeure d'une élégance remarquable malgré les ravages du temps. Un antiquaire l'a monté sur un pied de bois ouvragé.

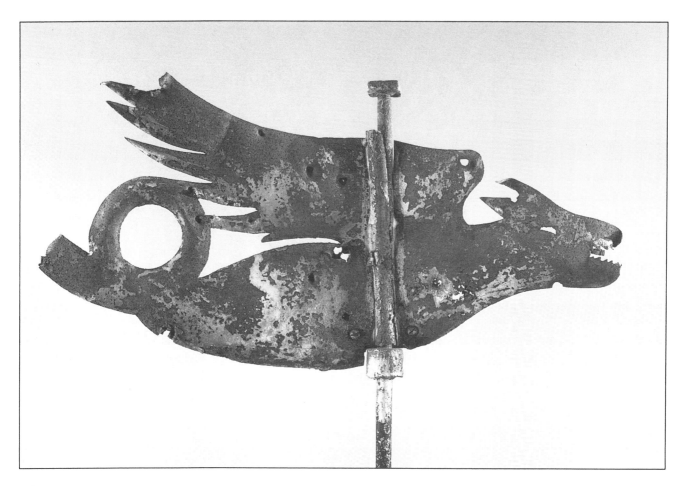

53
Dragon
Montréal (Québec)
XIXᵉ siècle
Tôle d'étain, fer, bois
78 x 48 x 24
CCECT 79-1592 (Coll. P. et R. Price)

Ce dragon semble de fabrication commerciale peut-être
américaine. Il est formé de deux feuilles d'étain moulées
et soudées. On aurait trouvé cette girouette dans la région
de Montréal.

54
Écureuil
Rive sud du bas Saint-Laurent (Québec)
Date inconnue
Tôle peinte, fer
72,5 x 45 x 2
CCECT 77-946 (Coll. N. Sharpe)

Découpé au chalumeau dans une feuille de tôle épaisse et
monté sur une flèche en fer forgé, cet écureuil se profilait
avec netteté sur le ciel québécois.

Les *motifs héraldiques*

Comme nous l'avons dit précédemment, les seigneurs du Moyen Âge avaient coutume de hisser une enseigne à leurs armoiries sur la plus haute tour de leur château. C'était à la fois un symbole de leur statut social et de leur allégeance. Ce culte du blason s'est perpétué jusqu'à nous ainsi qu'en témoignent, entre autres, les quelques motifs héraldiques de notre collection de girouettes, la fleur de lis, le drapeau français et deux bannières dont la symbolique nous échappe.

55
Penon
Lennoxville (Québec)
Date inconnue
Tôle, cuivre, fer, bois, peinture
195,5 x 71 x 71
CCECT 73-614

Le penon de cette girouette est de fabrication commerciale. On le trouve dans le catalogue de A.B. & W.T. Westervelt au numéro 19. Les points cardinaux aussi semblent de fabrication commerciale, mais on en ignore l'origine. Cette girouette aurait chapeauté une maison à Lennoxville dans les Cantons de l'Est. Elle rappelle le penon que les nobles du Moyen Âge avaient coutume d'installer au faîte de leur château.

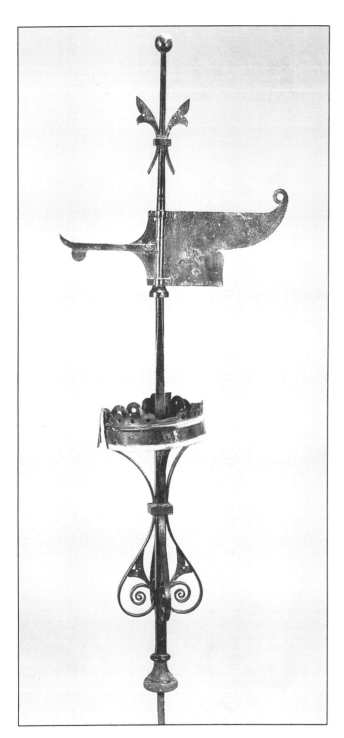

56
Penon du Club Saint-Denis
Montréal (Québec)
Fin du XIXe siècle
Fer forgé, peinture
252 x 72 x 33
CCECT 80-536
Don de S. Raff

Cette girouette fort complexe comporte comme principaux éléments une couronne et un penon dont le sens héraldique nous échappe. Elle était installée sur le faîte du Club Saint-Denis à Montréal, bâti en 1850 et démoli en 1950.

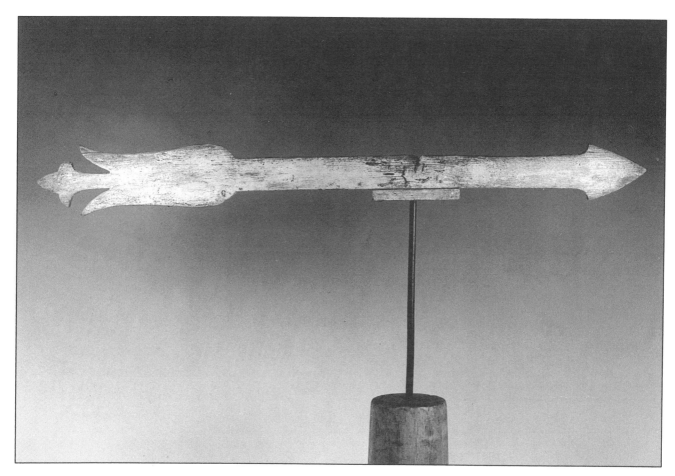

57
Flèche
Vallée de l'Annapolis (Nouvelle-Écosse)
Date inconnue
Bois, fer, peinture
117 x 12 x 6
CCECT 81-36 (Coll. G. Ferguson)

Taillée dans une planche de pin, cette flèche dont l'empenne prend la forme d'une fleur de lis, rappelle par sa simplicité les premiers pas vers la qualité plastique de la girouette.

58
Drapeau français sur une flèche
Région de Baie-Saint-Paul (Québec)
Date inconnue
Tôle, fer, bois, peinture
107 x 80 x 14
CCECT 80-138 (Coll. N. Sharpe)

Cette girouette combine dans une composition originale
les deux motifs courants de la flèche et de la bannière. La
flèche est formée de pièces de tôle pliées et soudées. Sa
position très avancée sur le pivot en faisait sûrement un
très bon indicateur de la direction du vent.

Les **bateaux**

L e bateau, motif traditionnel récurrent dans l'art populaire des Maritimes, a cependant rarement été exploité comme girouette. Dans notre collection, on ne le rencontre que deux fois, sous la forme d'un sloop et sous celle d'un paquebot.

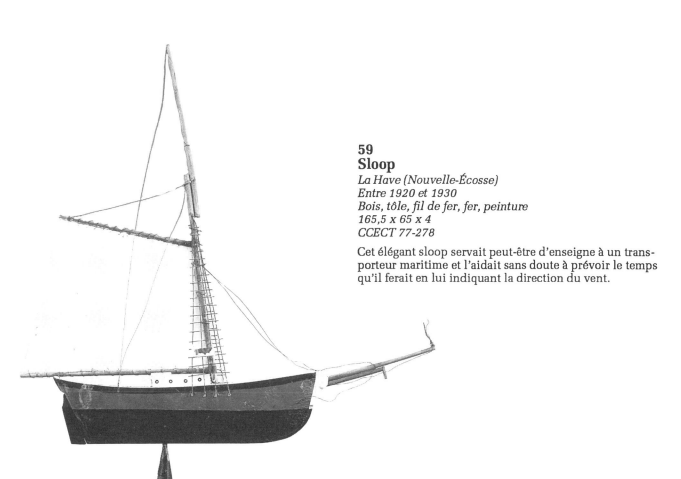

59
Sloop
La Have (Nouvelle-Écosse)
Entre 1920 et 1930
Bois, tôle, fil de fer, fer, peinture
165,5 x 65 x 4
CCECT 77-278

Cet élégant sloop servait peut-être d'enseigne à un transporteur maritime et l'aidait sans doute à prévoir le temps qu'il ferait en lui indiquant la direction du vent.

60
Paquebot à vapeur

Par Randall Smith
Ingomar (Nouvelle-Écosse)
Entre 1970 et 1976
Bois, plastique, fil de fer, ficelle, peinture
150 x 53 x 5
CCECT 77-311

Cette girouette en bois peint représente un paquebot à
vapeur. Son pivot fortement décentré en faisait un bon
indicateur de la direction du vent.

Les *paratonnerres*

*N*ous regroupons sous ce titre des girouettes qui étaient installées sur la pointe d'un paratonnerre. Ce sont des girouettes de fabrication commerciale dont le style est relativement uniforme et aisément reconnaissable. Elles furent à la mode à partir des années 1920.

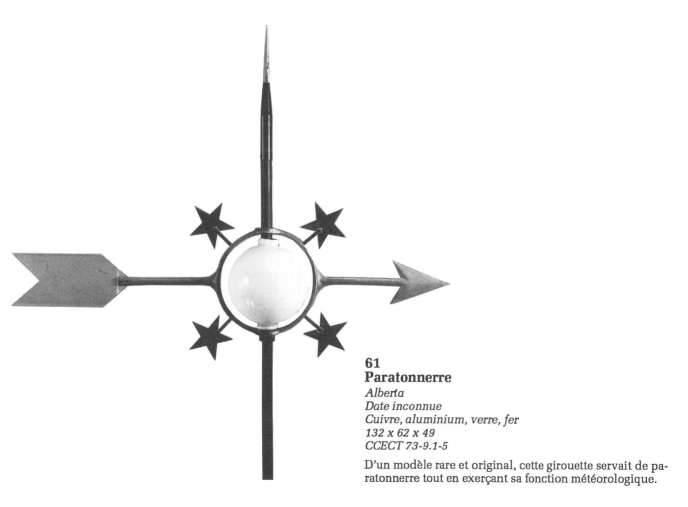

61
Paratonnerre
Alberta
Date inconnue
Cuivre, aluminium, verre, fer
132 x 62 x 49
CCECT 73-9.1-5

D'un modèle rare et original, cette girouette servait de paratonnerre tout en exerçant sa fonction météorologique.

62
Cheval sur une flèche

L'Épiphanie (Québec)
Date inconnue
Cuivre, fer, bois
62 x 56,5 x 12
CCECT 71-315

Ce cheval est formé de deux feuilles de cuivre martelées et jointes en ourlet. Sa position sur l'arrière d'une flèche en fer fondu en faisait un bon indicateur de la direction du vent. Un antiquaire a monté cette girouette sur un socle de bois ouvragé.

63
Cheval sur une flèche

Origine inconnue
Date inconnue
Tôle d'étain, fer, cuivre, verre, peinture
74,5 x 65 x 29,5
CCECT 73-611

Formé de deux pièces de tôle d'étain moulées et soudées, ce cheval est monté sur une flèche de fer fondu.

64
Trotteur sur une flèche
Notaire Séguin
L'Assomption (Québec)
Date inconnue
Tôle, fer forgé, bois
58,5 x 52,5 x 12
CCECT 71-316
Don de L. Vary

65
Trotteur sur une flèche
Québec
Date inconnue
Tôle, fer forgé
57 x 22,5 x 3
CCECT 73-607

Ces deux girouettes, formées d'un cheval de tôle moulée
monté sur une flèche de fer fondu, sont de toute évidence
de fabrication commerciale.

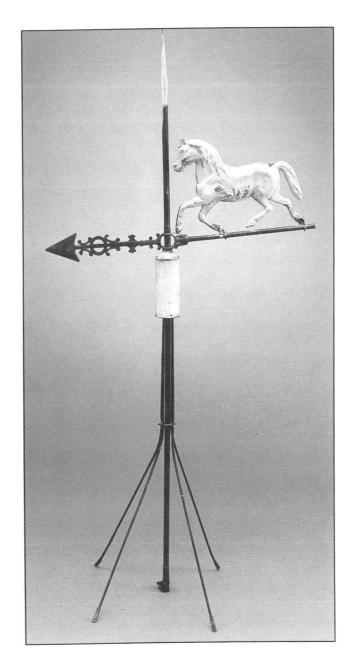

66
Cheval sur une flèche

Origine inconnue
Date inconnue
Tôle d'étain, fer, cuivre, verre, peinture
154 x 74,5 x 56
CCECT 73-612

Ce cheval, formé de deux pièces de tôle d'étain moulées et
soudées, est peint en blanc et monté sur une flèche de fer
fondu peinte en bleu.

67
Taureau sur une flèche
Saint-Jean-de-Matha (Québec)
Date inconnue
Tôle, fer, bois, peinture
58 x 54 x 12
CCECT 71-317

Cette girouette, associant les deux motifs de la flèche et du
taureau, aurait servi d'enseigne à une ferme laitière dans
la région de Joliette.

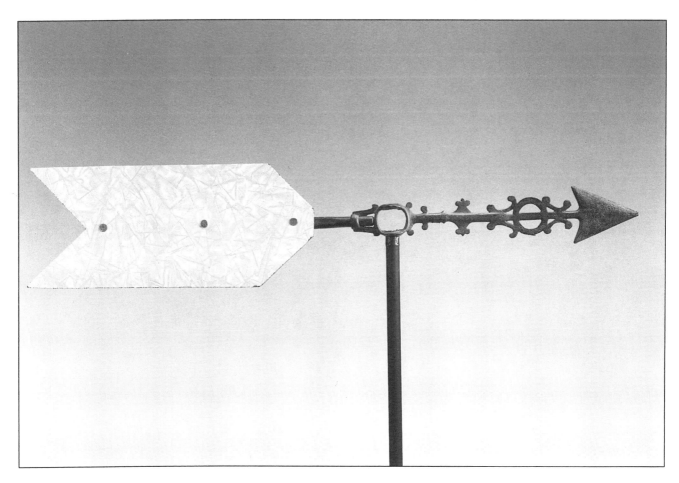

68
Flèche
Alberta
Date inconnue
Fer forgé, laminé, cuivre
83 x 17,5 x 2,5
CCECT 73-10

Cette flèche en fer fondu, munie d'une empenne en laminé, est un objet recyclé qui originellement portait un animal sur l'arrière de la flèche comme les girouettes
précédentes.

Les *coqs*

*L*e coq est le symbole universel de la lumière naissante puisqu'il annonce, par son chant matinal, le lever prochain du soleil. Dès la plus haute Antiquité, on a tenu le coq en grande estime pour son intelligence et son courage. Déjà, le vieux Job (Job 38 : 36) s'écriait du fond de sa misère « Qui a [...] donné au coq l'intelligence? » Grecs et Romains, conquis par sa vigilance et son ardeur l'adoptèrent comme oiseau protecteur. Par son allure altière, il devint un emblème universel de fierté.

Les premiers chrétiens en firent un symbole de leur foi puisque, à tous ses mérites déjà reconnus, s'ajoutait le rôle du volatile dans le reniement de Pierre. Le coq devint le symbole chrétien de la vigilance et de la prière et surtout le symbole de la résurrection du Christ et de celle de tous les chrétiens. Sur les fresques des catacombes et sur les sarcophages des premiers siècles de la chrétienté, on représentait souvent le Christ en compagnie de Pierre, un coq à leurs pieds ou sur une colonne (fig. 9 et 10).

Le coq d'airain de la cathédrale de Brescia, dans le Piémont, en Italie du Nord, est le premier coq que nous retrouvons sur le clocher d'une église. Il date du IXe siècle. Une

69
Coq de clocher
Trois-Pistoles (Québec)
Date inconnue
Tôle, bois, peinture
83,5 x 57,5 x 21,5
CCECT 73-529

Ce coq majestueux se compose de plusieurs pièces de tôle martelées et soudées. On a faussement prétendu qu'il aurait veillé sur les destinées de l'église de Trois-Pistoles. Un antiquaire l'a fixé sur un ornement particulièrement ouvragé.

Figure 9. Sarcophage du Latran.

Figure 10. Panneau de la porte de Sainte-Sabine à Rome.

inscription latine, *gallum hunc fieri praecepit*, rappelle en effet que Rambert, évêque de Brescia, ordonna la fabrication de ce coq en l'an 820. Un siècle plus tard, l'évêque de Westminster fit placer un coq sur le clocher de sa cathédrale. La représentation la plus ancienne du coq de clocher est celle de la fameuse tapisserie de Bayeux (1088-1092) qui illustre, entre autres, l'érection en 1065 d'un coq sur l'église abbatiale de Westminster. Une vieille chronique de Coutances rappelle aussi qu'en 1091 un ouragan détruisit une partie de la toiture de la cathédrale et emporta le coq qui la surmontait.

Cette ancienne coutume qui nous est parvenue du Moyen Âge faisait partie du bagage religieux et culturel de nos ancêtres venus s'établir en Amérique. C'est surtout au Québec que se ré-

Figure 11. Coq de l'église du Sacré-Coeur, Hull (Québec).

Figure 12. Croix de chemin de Sainte-Marie, Beauce (Québec).

pandit l'usage d'ériger un coq sur le clocher de l'église paroissiale. Et c'est à ce titre qu'il est devenu un témoin privilégié de l'héritage culturel et religieux du Québec.

Selon certains de nos informateurs, c'était la coutume, dans la région de l'Outaouais québécois, de n'ériger le coq sur le clocher de l'église paroissiale que lorsque la dette était totalement éteinte.

Symbole religieux, le coq est aussi un symbole national. S'il indique l'adhérence à la foi chrétienne, il signifie aussi l'appartenance à la na-

tion française. C'est le coq gaulois (nos 71, 83 et 86) que l'on érige sur le clocher de nos églises (fig. 11), sur la cime des croix de chemin (fig. 12), sur le faîte des granges et sur le toit des maisons privées (fig. 13).

En règle générale, le fermier sculpte lui-même le coq à ériger sur sa grange ou sa maison. Parfois, il aura recours au talent d'un sculpteur voisin ou à celui du ferblantier ou du forgeron du

Figure 13. Coq sur la maison d'André Touchet, Aylmer (Québec).

village. La fabrication commerciale des girouettes se répandra au XVIIIe siècle, surtout aux États-Unis, mais la production artisanale des coqs de clocher continuera encore longtemps en milieu rural.

Le coq est un animal qui se prête bien à la fonction de girouette et à l'imagination artistique. Il est asymétrique; sa queue en panache offre une bonne résistance au vent; la moindre brise le fait tourner et il indique la direction du vent avec autant de certitude que d'élégance. Par contre, son anatomie se prête aussi bien aux fantaisies imaginaires les plus exhubérantes (n°s 72 et 101) qu'aux représentations naturelles les plus pointilleuses (n°s 91, 97 et 102).

Trois légendes au sujet du coq

Une légende raconte que saint Pierre, contrit et pénitent, gardait pourtant au coq une rancune vivace. Il ne pouvait s'empêcher d'assouvir sa vengeance sur tous les coqs qu'il rencontrait. Il allait jusqu'à empaler ceux qui avaient l'outrecuidance de chanter en sa présence et, dans sa rage, pour décourager tout congénère de cette audace, il s'avisa de les exposer bien en vue. Selon cette légende, c'est depuis ce temps-là qu'il y a des coqs sur les clochers des églises.

Une légende des premiers siècles chrétiens raconte que pour le dernier repas du Christ sur la terre, avant sa montée au ciel, Mathias avait tué un coq et l'avait mis au pot. Mais le Christ ressuscita le coq. Celui-ci s'envola et s'en fut témoigner de sa propre résurrection et de celle du Christ.

À Barcelos, petit village de la région de Minho, au nord du Portugal, il existe une croix de pierre du XIVe siècle portant en relief un coq sous les pieds du crucifié. Selon la légende, le village de Barcelos avait été profondément bouleversé par un crime dont on n'avait pu découvrir l'auteur. Un jour, le soupçon se porta sur un pèlerin de Galicie en route vers Saint-Jacques-de-Compostelle. Malgré ses protestations d'innocence, il fut condamné à être pendu. Avant l'exécution, il demanda à être reçu par le juge. Cette faveur lui fut accordée et il se retrouva en présence du juge qui était à dîner en compagnie de quelques amis. Sur la table, il y avait un poulet rôti. Le condamné s'écria, à la surprise de tous : « Aussi vrai que je suis innocent, ce coq va chanter si je suis pendu ». On s'esclaffa, mais on n'osa toucher à la volaille. On amena le prisonnier à la potence. Au moment de l'exécuter, le coq rôti se leva et se mit à chanter. Personne ne douta plus de l'innocence du Galicien qui fut sauvé in extremis par une intervention rapide du juge. Il reprit son pèlerinage vers Saint-Jacques-de-Compostelle. Le coq de Barcelos est devenu un motif important de l'art populaire portugais (fig. 14).

Figure 14. Coq de Barcelos en plâtre peint.

70
Coq de clocher
Saint-Guillaume-d'Upton (Québec)
Date inconnue
Tôle, fer, bois, peinture
122 x 69 x 17
CCECT 73-528

Ce coq se compose de plusieurs pièces de tôle découpées, martelées et soudées à l'étain. Il nous a été impossible de vérifier si ce coq a effectivement chapeauté le clocher de l'église de Saint-Guillaume.

71
Coq de clocher
Saint-Élie-d'Orford (Québec)
Date inconnue
Tôle d'acier, fer, bois, peinture
80 x 52 x 4
CCECT 73-530

Découpé vraisemblablement au chalumeau dans une feuille d'acier, ce coq tout gaulois aurait, paraît-il, long-temps rappelé les fidèles à la vigilance du haut du clocher de Saint-Élie-d'Orford.

72
Coq de clocher
Louiseville (Québec)
XXᵉ siècle
Tôle, goudron, bois, peinture
96 x 84 x 35
CCECT 79-1587 (Coll. P. et R. Price)

Ce coq à la queue gigantesque est composé de pièces de tôle martelées et soudées et il est recouvert de goudron peint. Avec un congénère, il aurait veillé sur les destinées de l'église de Louiseville jusqu'en 1976.

73
Coq de clocher
Sainte-Blandine (Québec)
Début du XIXᵉ siècle
Bois, tôle, peinture
64 x 63 x 19
CCECT 71-309
Don de L. Vary

Composé de plusieurs pièces de bois découpées et sculptées, ce vénérable ancêtre a longtemps subi les outrages du temps. Il aurait, paraît-il, veillé sur les destinées de l'église de Sainte-Blandine, près de Rimouski.

74
Coq de clocher
Île Bizard (Québec)
Date inconnue
Tôle, fer, bois, peinture
81,5 x 51 x 17,5
CCECT 73-531.1

75
Coq de clocher
Île Bizard (Québec)
Date inconnue
Tôle, fer, bois, peinture
81,5 x 37 x 10,5
CCECT 73-531.2

Ces coqs jumeaux sont composés de plusieurs pièces de tôle martelées et soudées. Ils auraient chapeauté le double clocher de l'église de l'île Bizard, près de Montréal.

76
Coq de croix de chemin
Trois-Rivières (Québec)
XIXe siècle
Cuivre, fer, bois
43,5 x 23,5 x 14
CCECT 73-639

Plusieurs pièces de cuivre martelées et soudées forment
ce coq à l'air boudeur.

77
Coq de croix de chemin

Sainte-Mélanie (Québec)
Date inconnue
Tôle d'étain, fer, bois, peinture
70 x 46,5 x 11
CCECT 71-310
Don de L. Vary

Deux pièces d'étain moulées et soudées forment ce coq aux allures belliqueuses qui aurait cependant coiffé une croix de chemin à Sainte-Mélanie, près de Joliette. Il a un air de parenté évident avec la girouette n° 80.

78
Coq de croix de chemin

M. Lafontaine
Saint-Barthélemy (Québec)
Date inconnue
Tôle, fer, bois, peinture
85 x 54 x 16
CCECT 71-323
Don de L. Vary

Formé de plusieurs pièces d'étain martelées et soudées, ce coq de combat aux membres robustes aurait autrefois coiffé la croix de chemin de M. Lafontaine à Saint-Barthélemy.

79
Coq de croix de chemin

Québec
Date inconnue
Bois, fer, peinture
55 x 43 x 11,5
CCECT 73-532

Ce coq d'allure médiévale a été sculpté dans une seule pièce de bois.

80
Coq de croix de chemin

Saint-Jude (Québec)
Date inconnue
Tôle d'étain, fer, peinture
52 x 48 x 8,5
CCECT 71-314
Don de L. Vary

Formé de deux pièces d'étain moulées et soudées, ce coq de combat aurait coiffé une croix de chemin à Saint-Jude, près de Saint-Hyacinthe.

81
Coq de croix de chemin

Saint-Ours (Québec)
Début du XXe siècle
Bois, tôle, fer, peinture
72 x 49 x 14
CCECT 77-943 (Coll. N. Sharpe)

Le corps de ce coq majestueux est sculpté dans du pin. La crête et la queue sont taillées dans de la tôle et vissées et clouées au corps.

82
Coq de croix de chemin

M. Therrien
Saint-Denis-sur-Richelieu (Québec)
Date inconnue
Tôle de cuivre, fer, bois, peinture
79 x 50 x 14,5
CCECT 77-509

Composé de plusieurs pièces de tôle martelées et soudées, ce coq, tout tendu vers le ciel, aurait chapeauté la croix de chemin de M. Therrien à Saint-Denis-sur-Richelieu.

83
Coq de croix de chemin

Saint-Georges, Beauce (Québec)
Date inconnue
Tôle d'acier, fer, peinture
81 x 37,5 x 9
CCECT 71-308
Don de L. Vary

Découpé vraisemblablement au chalumeau dans une plaque d'acier, ce coq, à l'allure toute gauloise et fièrement posé sur le globe terrestre, lançait, du haut d'une croix de chemin, son vibrant appel à la vigilance.

84
Coq de croix de chemin
Saint-Félix-de-Valois (Québec)
Date inconnue
Bois, fer, peinture
53 x 33,5 x 25
CCECT 71-318
Don de L. Vary

Sculpté dans une seule pièce de bois, ce coq aux formes
contractées proviendrait d'une croix de chemin. Un antiquaire l'a perché sur ce piteux support de bois ouvragé.

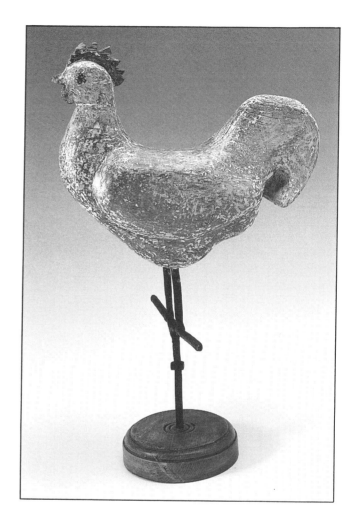

85
Coq de croix de chemin

Jean Desrochers
Saint-Jacques, Montcalm (Québec)
Date inconnue
Tôle, fer, peinture
27 x 25 x 9
CCECT 78-256.7 (Coll. N. Sharpe)

Formé de plusieurs pièces de tôle légère martelées et soudées, ce petit coq chapeautait la croix de chemin qui se trouvait sur la propriété de la famille Desrochers, à Saint-Jacques.

86
Chantecler

Newmarket (Ontario)
Fin du XIXe siècle
Tôle, fer, peinture
75 x 60,5 x 4
CCECT 79-1589 (Coll. P. et R. Price)

Taillé dans de la tôle épaisse, cet oiseau majestueux est bien campé dans l'attitude traditionnelle du coq gaulois, torse bombé et queue en panache.

87
Coq de croix de chemin
Berthierville (Québec)
Date inconnue
Tôle d'étain, fer, bois
43 x 34 x 12
CCECT 71-321

Composé de deux feuilles de tôle martelées et soudées à l'étain, ce coq de combat aurait chapeauté une croix de chemin dans la région de Berthierville.

88
Coq
Par George Raithby
Dorchester (Ontario)
Milieu du XIXe siècle
Bois, tôle d'étain, peinture
97,5 x 74 x 3,5
CCECT 79-1854 (Coll. P. et R. Price)

Découpé dans une planche et muni d'une crête en étain, cet oiseau splendide témoigne du sens artistique de son auteur par la simplicité des moyens mis en œuvre et l'efficacité de la stylisation des formes.

89
Coq
Québec
Fin du XIXe siècle
Tôle d'étain, bois, peinture
107 x 70 x 35
CCECT 79-1588 (Coll. P. et R. Price)

Par ses formes arrondies et stylisées, ce coq dégage une sorte de force impertinente. Il se compose de deux feuilles d'étain martelées et soudées et il est peint d'une couleur cuivrée.

90
Coq
Farnham (Québec)
Date inconnue
Bois, fer, peinture
41 x 27 x 12
CCECT 77-948 (Coll. N. Sharpe)

Sculpté dans une seule pièce de pin, ce joli petit coq faisait partie d'une volée d'oiseaux qu'un sculpteur anonyme mais talentueux avait perchée sur un arbre de son jardin. Même aujourd'hui, sur son dérisoire support, il continue à démontrer le sens esthétique de son auteur.

91
Chantecler
Stormont (Ontario)
Date inconnue
Tôle d'étain, fer, bois, peinture
58,5 x 44,5 x 40
CCECT 80-111

Deux feuilles d'étain martelées et soudées forment ce coq gaulois majestueusement posé sur un minuscule globe terrestre dominant les quatre points cardinaux.

92
Coq
Région de Drummondville (Québec)
Date inconnue
Bois, peinture
47 x 36 x 12
CCECT 75-936

Sculpté dans une seule pièce de bois, ce coq de grange à l'allure pataude ne manque cependant par d'originalité.

93
Coq
Québec
Fin du XVIIIe siècle
Bois, étain, fer
47 x 43 x 12
A-2690

Cet oiseau vétuste est sculpté dans une pièce de bois et recouvert d'étain.

94
Coq
Québec
Date inconnue
Tôle d'étain, cuivre, fer, bois, peinture
89 x 46 x 20
CCECT 73-615

Ce coq de combat, composé de deux feuilles d'étain moulées et soudées, trône sur le globe terrestre lançant à l'humanité entière un vibrant appel à la vigilance.

95
Coq
Saint-Casimir (Québec)
Date inconnue
Bois, fer, peinture
34 x 20 x 7
CCECT 77-947 (Coll. N. Sharpe)

Ce coq, dont le corps est sculpté dans une seule pièce de bois et dont la queue est mortaisée, démontre le sens artistique et l'habileté technique de l'artisan qui en est l'auteur.

96
Coq
Saint-Henri-de-Lévis (Québec)
Date inconnue
Tôle d'étain, fer, bois
98 x 52,5 x 19
CCECT 77-944 (Coll. N. Sharpe)

Fortement stylisé, ce coq, composé de plusieurs pièces d'étain moulées et soudées, est empalé dans un équilibre incertain sur un globe terrestre en bois. Il aurait autrefois indiqué la direction du vent sur le faîte d'une grange à Saint-Henri-de-Lévis.

97
Chantecler
Vallée de l'Annapolis (Nouvelle-Écosse)
Fin du XIXe siècle
Cuivre, fer, bois, peinture
59 x 39 x 15
CCECT 75-911

Ce coq de combat aux ergots meurtriers est formé de deux feuilles de cuivre moulées et soudées. Il constitue un motif rare de la girouette des Maritimes.

98
Chantecler
Ferblantier anonyme
Longueuil (Québec)
Début des années 1970
Cuivre, fer, bois
121 x 76,5 x 30
CCECT 73-527

Œuvre d'un ferblantier talentueux de Longueuil, ce coq majestueux, commandé par un antiquaire, a faussement été attribué à l'église de Cap-Chat, en Gaspésie. Il se compose de plusieurs pièces de cuivre découpées, martelées, rivetées et soudées à l'étain. Il semble même qu'on lui ait appliqué une « patine » artificielle.

99
Coq
North York (Ontario)
Milieu du XIX *siècle*
Tôle d'acier, fer
67 x 31 x 0,5
CCECT 74-735

Découpé dans une tôle épaisse, ce minuscule volatile se pavane la queue déployée comme celle d'un paon. L'arrogance de son maintien contraste avec sa taille naine et confère beaucoup d'humour à l'objet.

100
Coq
Vallée de l'Annapolis (Nouvelle-Écosse)
Date inconnue
Tôle, fer, bois, peinture
51 x 46 x 46
CCECT 78-331

Composé de deux feuilles de tôle martelées et soudées, ce coq aux traits empâtés surplombe les quatre points cardinaux. Le coq est un motif assez rare des girouettes des Maritimes.

101
Coq

Famille Trépanier
Saint-Adelphe (Québec)
Date inconnue
Cuivre, fer, bois, peinture
82 x 57 x 22
CCECT 77-503

Ce splendide oiseau se compose de plusieurs pièces de cuivre martelées et soudées. Ses formes stylisées en accentuent la plasticité et sa queue puissante en faisait sans doute un excellent indicateur de la direction du vent. Il surmonte une sphère, symbole du globe terrestre.

102
Chantecler

Origine inconnue
Date inconnue
Tôle, peinture
48 x 46 x 0,5
CCECT 75-1038

Cet imposant coq gaulois a été découpé dans la tôle d'un baril d'huile. Il porte en effet l'inscription « Gargoyle / Mobiloil / York ». Il constitue un exemple frappant du recyclage des objets pratiqué par les générations précédentes.

103
Coq
Région de Chambly (Québec)
Avant 1924
Étain, fer, bois
98 x 65 x 14
A-1807

Ce coq à l'air bourru, composé de plusieurs pièces d'étain martelées et soudées, fut acquis pour le Musée par Marius Barbeau en 1924. Prêté au Musée régional de Chambly, il réintégra les collections du Musée national de l'Homme en mai 1965.

104
Coq
Par M. Côté
L'Ange-Gardien (Québec)
Vers 1920
Cuivre, fer
90 x 63,5 x 63,5
A-2202

Ce coq à l'allure belliqueuse se compose de pièces de cuivre martelées et soudées. Il n'a pas de pieds tels les coqs du Moyen Âge.

Conclusion

Les girouettes racontent à leur manière les luttes et les espoirs des hommes qui les ont produites et les intérêts culturels des institutions qui les préservent. Elles rappellent les dures nécessités de la vie de nos ancêtres dont la survie dans ce pays revêche dépendait pour une bonne part de leur connaissance des signes des vents. Elles rappellent aussi que l'Homme ne vit pas que de pain mais aussi de tout ce qui peut agrémenter son style de vie.

Bibliographie

A.B. & W.T. WESTERVELT. *American Antique Weather Vanes*. The Complete Illustrated Westervelt Catalog of 1883, New York, Dover Publications Inc., 1982.

ALLEN, Edward B. « Old American Weathervanes: Artistic Charm of the Few Surviving Vanes by Craftsmen of Colonial and Revolutionary Times », dans *International Studio*, vol. 30, 1925, pp. 450-453.

——. « The Useful and Agreeable », dans *Time*, 27 sept. 1954, p. 80.

——. « Vanes », dans *The New Yorker*, 12 sept. 1964, pp. 39-40.

ARENDT, Ch. *La signification du coq sur les clochers de nos églises*, Collection L'organe de l'art chrétien, Luxembourg, 1886.

AYRTON, O. Maxwell. « Some Modern Weathervanes », dans *International Studio*, vol. 19, n° 3, 1903, p. 131.

BARRAUD, (abbé). « Recherches sur les coqs des églises », dans *Bulletin monumental de la Société française d'archéologie*, vol. 2, n° 6, 1850, pp. 277-290.

BISHOP, Robert, et Patricia COBLENZ. *A Gallery of American Weathervanes and Whirligigs*, New York, E.P. Dutton & Co, 1981.

BOUET, G. « De l'ancienneté des coqs sur les tours d'églises », dans *Bulletin monumental de la Société française d'archéologie*, vol. 2, n° 5, 1849, pp. 532-533.

BUCKERT, Isle, et Alexander NESBITT. *Weathervanes and Weathercreatures*. Newport (R.I.), Third and Elm Press, 1970.

CANCELLIERI. « Cur veteres Christiani turribus campanariis gallos imponerent », dans *De secretariis basilicae vaticanae*, vol. 3, 1786, pp. 1363-1389.

Catalogue of Weathervanes, New York, Associated American Artists Galleries, 1954.

CHAMBERLAIN, S. « Le Coq Gaulois Comes Down from Its Perch », dans *American Architect*, vol. 142, 1932, pp. 14-16.

CHRISTENSEN, Erwin O. « Weathervanes », dans *Antiques*, vol. 3, 1951, pp.198-200.

CROSNIER, Augustin Joseph. « Dernier mot sur le coq superposé à la Croix », dans *Bulletin monumental de la Société française d'archéologie*, vol 3, n° 5, 1859, pp. 577-596.

DECORDE, Jean-Eugène. *Le coq des clochers*, Neufchâtel-en-Braye, E. Duval, 1857.

E.G. WASHBURNE and CO. *Catalogue of Copper Silhouette Vanes*, New York, E.G. Washburne and Co., 1920.

EBERLEIN, Harold Donaldson. « Weather-Vanes », dans *American Homes and Gardens*, vol. 9, 1912, pp. 392-394 et 403.

EYMERY, Alexis Blaise. *Dictionnaire des girouettes : ou Nos contemporains peints d'après eux-mêmes*, 2e éd., Paris, A. Eymery, 1815.

FITZGERALD, Ken. *Weathervanes and Whirligigs*, New York, Clarkson N. Potter, 1967.

GARDNER, John Starkie. *English Ironwork of the Seventeenth and Eighteenth Centuries: An Historical and Analytical Account of the Development of Exterior Smithcraft*, London, B.T. Batsford, 1911, pp. 300-320.

HOLLAND, Muriel. « Something in the Air », dans *Coming Events in Britain*, déc. 1965, pp. 24-26.

J.W. FISKE. *Illustrated Catalogue and Price List of Copper Weather Vanes and Finials Manufactured by J.W. Fiske*, New York, J.W. Fiske, 1883.

———. J.W. FISKE 1893. *Copper Weathervanes, Bannerets, Lightning Rods, Stable Fixtures.* Illustrated Catalog and Historical Introduction, American Historical Catalog Collection, Princeton, The Pyne Press, 1971.

JENKINS, Dorothy H. « Weathervanes », dans *Woman's Day*, juillet 1968, pp. 85-86.

KAYE, Myrna. « Hark: The Herald Angel », dans *Yankee*, déc. 1966, pp. 42-44.

———. *Yankee Weathervanes*, New York, E.P. Dutton & Co., Inc., 1975.

KELLY, J.F. « Three Early Connecticut Weather-Vanes », dans *Old Time New England*, vol. 31, n° 4, pp. 96-99.

KENNETH LYNCH and SONS. *Weathervanes and Cupolas*, Canterbury (Conn.), Canterbury Publishing Co., 1971.

KLAMKIN, Charles. *Weathervanes: The History, Design, and Manufacture of an American Folk Art*, New York, Hawthorn Books Inc., 1973.

L.W. CUSHING and SONS. *Weathervane Catalogue* No. 9, Waltham (Mass.), L.W. Cushing and Sons, 1883.

LECLERCQ, Henri. « Coq », dans *Dictionnaire d'archéologie chrétienne et de liturgie*, vol. 3, n° 2, 1914, pp. 2886-2905.

LIPMAN, Jean. *American Folk Art in Wood, Metal and Stone*, New York, Pantheon, 1948, pp. 13-14, 49-72 et 191.

LIPMAN, Jean, et Alice WINCHESTER. « Weathervanes and Whirligigs », dans *The Flowering of American Folk Art, 1776-1876*, The Whitney Museum of American Art, New York, Viking Press, 1974, pp. 138-151.

MACDONALD, W.A. « The Man Who Tells the World Which Way the Wind Blows », dans *Boston Transcript*, Magazine Section, 7 juillet 1928, 5e partie, pp. 1-2.

MARTIN, Eugène. « Le coq du clocher. Essai d'archéologie et de symbolisme », dans *Mémoires de l'Académie Stanislas*, vol. 1, n° 6, 1904, pp. 1-40.

MILLER, Steve. *The Art of the Weathervane*, Exton (Penn.), Schiffer Publishing Ltd., 1984.

NEEDHAM, Albert. *English Weathervanes: Their Stories and Legends from Medieval to Modern Times*, Haywards Heath, Sussex, R.-U., Charles Clark Ltd., 1953.

THE PEDLAR PEOPLE LIMITED. *Pedlar Fireproofing Products.* Catalogue No. 20R. Oshawa, The Pedlar People Limited, 1912.

ROMAINE, Lawrence B. « Weathervanes », dans *The Chronicle of the Early American Industries Association*, vol. 1, n° 21, 1937, p. 8.

STOYLE, Lewis E. « Vanes Fellows Always Found at Their Places of Business », dans *Boston Transcript*, 25 mars 1931, 3e partie, p. 1.

———. « Turtles, Hares, Dogs and Geese Tell Which Way the Wind Blows », dans *Boston Transcript*, Travel Section, 8 juillet 1931, p. 1.

SWAM, Mabel M. « On Weather Vanes », dans *Antiques*, vol. 23, n° 2, 1933, pp. 64-65.

THOMAS, John, et Betty THOMAS. « Vanishing Vanes », dans *Sunday-Time Union*, août 1931, p. B-7.

THWING, Leroy L. « Deacon Shem Drowne: Maker of Weathervanes », dans *The Chronicle of the Early American Industries Association*, vol. 2, n° 1, 1937, pp. 1-2 et 7.

VAN COURT, Robert H. « New Type of the Weathervane », dans *American Magazine of Art*, vol. 7, n° 12, 1916, pp. 489-493.

« Washington's Weather Vane », dans *Antiques*, vol. 47, n° 2, 1945, p. 105.

WELLMAN, Rita. « American Weathervanes », dans *House Beautiful*, vol. 31, 1939, pp. 50-54 et 69.

WHIPPLE, J. Rayner. « Old New England Weather Vanes », dans *Old Time New England*, vol. 31, n° 2, 1940, pp. 44-56.

Provenance des illustrations

Fig. 1 Gracieuseté de Mme K. Kuzyk, Winnipeg.

Fig. 2 Photographie de Harry Foster. Le modèle réduit a été construit d'après un dessin de Stuart et Revett tiré de *Pictorial Dictionary of Ancient Athens*, par John Travlos, Praeger Publishers, New York, 1971, pp. 283-285.

Fig. 3 Photographie de Harry Foster.

Fig. 4 Gracieuseté du Statens Historiska Museum, Stockholm, SHM 150-23.

Fig. 5 Photographie de Harry Foster.

Fig. 6 Photographie de Harry Foster.

Fig. 7 Photographie de Harry Foster.

Fig. 8 Gracieuseté de Canadian Tire Corporation, Limited.

Fig. 9 Illustration tirée du *Dictionnaire d'archéologie chrétienne et de liturgie*, par Henri Leclercq, vol.3, n° 2, 1914, pp. 2891-2892.

Fig. 10 Illustration tirée du *Dictionnaire d'archéologie chrétienne et de liturgie*, par Henri Leclercq, vol.3, n° 2, 1914, pp. 2903-2904.

Fig. 11 Photographie de Harry Foster.

Fig. 12 Photographie de Marius Barbeau, 1919. MCC 45886.

Fig. 13 Photographie de Harry Foster.

Fig. 14 Photographie de Dennis Fletcher. Ce coq de Barcelos (CCECT 76-1429) a été acquis à Montréal de Maria Amaral en 1976.

La photographie des girouettes de la collection a été assurée par Dennis Fletcher et Harry Foster.